Mamá quiere mucho a también quiere mucho a Mamá.

Conejito sale fuera a jugar, y Mamá le acompaña.

Conejito se convierte en un pez. Mamá es una pescadora y usa un anzuelo para pescarlo.

Conejito se convierte en una flor. Mamá es una jardinera y lo encuentra muy rápido.

Conejito se convierte en un barco velero. Mamá es el viento que sopla y le impulsa.

Conejito se convierte en un pájaro. Mamá es un árbol que sostiene a su hijo.

Conejito vuelve a ser él mismo. Mamá es ahora Mamá también, le abraza y le besa.

Conejito ya no se convierte en nada, vuelve a casa con Mamá.